I0122491

CONFÉRENCE NOCTURNE

ENTRE

LA VILLE DE BORDEAUX

MONTAIGNE & MONTESQUIEU

SUR LA PLACE DES QUINCONCES, A BORDEAUX

AU SUJET DE L'ÉRECTION DU MUSÉE ET DE LA BIBLIOTHÈQUE

BORDEAUX

A. LAVERTUJON, IMPRIMEUR DU CERCLE LITTÉRAIRE ET ARTISTIQUE

7, RUE DES TREILLES. — JUIN 1864

DÉDICACE

A SON ALTESSE DIVINE & ROYALE LA VILLE DE BORDEAUX

DIVINITÉ SUPRÊME,

L'aspect luxuriant de vos entours, la richesse de vos produits, la hardiesse de vos exploits d'outre-mer, la prospérité de votre commerce immense, vous ont fait une réputation universelle de grandeur et de magnificence.

Le maréchal Richelieu, sous Louis XV et Louis XVI, avait jeté en quelque sorte les bases de votre splendeur, et la brillante cour de ce gouverneur en avait inauguré l'éclat.

A toutes les époques, des administrateurs habiles, intelligents, laborieux, ont dévoué leurs efforts patriotiques à vous parer de toutes les grâces princières.

Les dignes ouvriers qui ont coopéré à l'œuvre n'ont pas échappé complètement à l'erreur et aux mécomptes qui en sont la conséquence. Leurs émules, les administrateurs actuels, sauront mettre à profit les fautes de leurs devanciers et se garder contre certaines idées habilement développées, colorées des nuances les plus sédui-

drapeaux multicolores de toutes les nationalités; ses immenses quais, où un mouvement perpétuel atteste un commerce florissant; ses environs pittoresques et ses riches et riantes campagnes, — lui ont acquis de longue date une réputation universelle.

Combien de voyageurs célèbres ont dépeint Bordeaux comme un séjour de délices! Arthur Young, illustre voyageur anglais à l'époque du règne de Louis XVI, en a fait la description la plus attrayante; lui, Anglais égoïste, la préférait au Liverpool de son temps.

Bordeaux, à cette époque, avait atteint, grâce au patronage et à la sollicitude philanthropique du Souverain, le plus haut degré de fortune et de prospérité; elle était une des reines maritimes de l'univers, et son commerce étendu la faisait considérer comme la métropole coloniale du midi de l'Europe. La richesse et l'animation des affaires, la distinction du Parlement de Guienne, l'éclat du barreau bordelais, ses fêtes splendides et ses relations extérieures, lui avaient fait une grande renommée et un rang élevé parmi les grandes villes européennes; elle fut visitée par des personnes couronnées, par de grandes célébrités, et aucun touriste ni voyageur n'aurait quitté la France sans avoir vu Bordeaux.

Quoique la concurrence commerciale de Marseille, du Havre et d'autres villes lui ait enlevé cette animation d'affaires d'autrefois, et quoiqu'elle ait perdu l'éclat de son ancienne splendeur, Bordeaux n'a rien perdu néanmoins de ses attraits; elle s'est enrichie en établissements et a conservé toute la tradition des mœurs douces et distinguées de ses habitants. L'aménité du caractère de ces derniers, leur bonté et leur hospitalité cordiale envers les étrangers, tout concourt à gagner à jamais l'esprit et le cœur des visiteurs.

Bordeaux a l'immense avantage sur toutes les autres

villes de France d'être aussi belle dans ses détails qu'elle l'est dans son ensemble; elle a toutes les bonnes qualités d'une jolie femme, sans avoir le redoutable défaut de faire des malheureux : aussi l'appelle-t-on *Bordeaux la coquette.*

Je n'oublierai pas les charmes que m'avait procurés votre agréable visite, et je soupire avec bonheur après le moment qui nous réunira de nouveau. Bien que je vous aie dit, à votre départ, que je voulais agir avec vous en ami malicieux, que je vous laisserais ignorer les changements qui s'opèreraient dans l'intervalle de vos visites, afin de rendre votre prochain voyage plus attrayant, je ne veux pas, cependant, vous priver d'un charmant épisode qui vient de se passer ici; vous le lirez, j'en suis sûr, avec beaucoup de plaisir.

Depuis quelque temps, il n'est question, à Bordeaux, que des embellissements de la ville : le Conseil municipal a voté 17 millions pour construire des monuments publics, ouvrir de belles rues, prolonger les quais, etc. Le plus important et le plus embarrassant de ces projets, c'est la construction d'un nouveau Musée et d'une nouvelle Bibliothèque, sur l'emplacement desquels on ne s'est pas lassé d'émettre et de réfuter des opinions.

Les uns voudraient les laisser où ils sont actuellement, rue de l'Église Notre-Dame, avec les agrandissements et embellissements nécessaires; d'autres voudraient les placer sur le terrain des casernes, au cours Napoléon; d'autres, encore, proposent l'expropriation des Bains des Quinconces pour les mettre à leur place, et M. Brochon, l'un des meilleurs avocats du barreau bordelais, maire actuel de la ville, a donné l'idée de les faire construire aux bas côtés des Quinconces, un peu avant les Bains. Ce dernier projet a été vivement combattu par les journaux et par des lettres insérées dans leurs colonnes; il y a eu, en quelque sorte, une protestation générale contre le projet ; cependant, il a été appuyé dans quelques lettres.

Singulièrement impressionné des raisons peu sérieuses contenues dans ces lettres, je méditai hier soir longtemps pour tâcher d'en trouver la justification. Cette longue médiation avait chassé le sommeil. J'attendais depuis longtemps le repos, mais en vain : Morphée, mon doux compagnon de nuit, ne venait pas.

Ce doux génie des songes a le pouvoir de nous procurer de la joie ou de l'épouvante : nous apparaissant sous toutes les formes humaines les plus agréables, il imite la voix, la marche, les gestes, les vêtements des hommes, si bien qu'on les prendrait pour des réalités ; il nous charme de ses paroles les plus douces et les plus gracieuses ; il apporte de la consolation aux affligés et du soulagement aux malheureux ; souvent aussi il les délivre des longues et pénibles souffrances et des tourments de la vie, et les conduit au doux et éternel repos, où il n'y a plus de soupirs ni de larmes. Mais quand il veut tourmenter les hommes, il nous envoie son frère Phantase, qui nous apparaît sous la physionomie des fantômes les plus effrayants : il nous attaque et nous poursuit sous des formes d'animaux sauvages, d'oiseaux, de reptiles et autres choses semblables ; heureusement, le réveil nous délivre et nous soulage de ces horribles cauchemars.

Me résignant de son retard, j'allai à sa rencontre et me dirigeai vers les Quinconces, où, à mon grand étonnement, un spectacle mystique, mais beau et féerique, se déroula à mes yeux.

La place avait pris tout l'aspect d'une grande fête : tout le ciel était en feu ; l'horizon était embrasé de rayons dorés, plus éclatants que les rayons de l'aurore de la plus belle matinée d'été, et une nue pourprée, voilant un char allégorique, venait se poser au milieu de la place.

Ce char portait les armes de la ville de Bordeaux ; une divinité radieuse y était assise sur un trône de diamant : c'était la Ville de Bordeaux elle-même, entourée d'un immense cortége de génies célestes et ornée de ses plus belles parures de grandes solennités.

Le voile se déchira au bruit retentissant de trompettes : aussitôt, toutes les cloches de la ville s'ébranlèrent et sonnèrent à grandes volées ; des salves de canons, placés dans l'hémicycle, lancèrent une pluie de roses dont les feuilles se répandirent autour du char doré : les arbres, revêtus de leur parure printanière, s'inclinèrent pour saluer l'arrivée de leur reine : des milliers d'oiseaux, cachés dans leur feuillage, chantèrent ses louanges : ils mêlèrent leurs voix harmonieuses à celles de cette légion de nymphes et d'autres génies, qui remplirent les espaces de leurs chants d'allégresse, chants que les échos des coteaux verdoyants qui dominent la rivière majestueuse envoyèrent, en les répétant, jusqu'aux villes les plus lointaines.

Paralysé d'admiration par ce spectacle imposant et magique, je jouissais de la félicité et des doux charmes de ces merveilles ; mon imagination en délire se croyait transportée dans le séjour des bienheureux ; mon cœur palpitait et tressaillait d'une joie fébrile, et mon âme, saisie de vénération, envoyait aux pieds de la Déesse mes souhaits et mes hommages. Les parfums des fleurs et des encens répandus par les nymphes m'avaient enivré et jeté dans une douce rêverie ; mais la fraîcheur des doux zéphyrs de la nuit, flattant mon visage, me rappela bientôt à moi ; je parvins peu à peu à maîtriser mon émotion, et je suivis avec attention toutes les cérémonies de la solennité.

Deux génies éblouissants, ayant chacun, sur un plateau en or, une couronne de laurier, s'approchèrent de la Déesse, qui y plaça un parchemin doré, et, suivis de nymphes et d'autres génies, ils se dirigèrent, l'un vers Montesquieu, et l'autre vers Montaigne, à qui ils remirent la couronne et le parchemin.

C'était une convocation à une conférence que la Déesse demanda à ces illustres trépassés, pur délibérer avec eux sur les grandes questions à l'ordre du jour, concernant l'embellissement de sa capitale; car ces éminents génies, dans leur nature d'esprits, sont plus compétents pour les résoudre à l'avantage de la Ville que les profanes de ce bas monde; ceux-ci, éblouis par la vanité de leur esprit humain, ambitionnent toujours de faire prévaloir leurs idées personnelles, et ne s'attachent guère aux avantages communs d'une localité entière, quoiqu'ils appartiennent tous à la même famille.

Trop éloigné de la Déesse, je songeais aux moyens de m'approcher d'elle; mais un double cordon de nymphes gardait les abords de la place; le hasard, cependant, me favorisa de trouver le voile d'une nymphe, qui, sans doute, avait été perdu par elle : je m'en enveloppai, et, me glissant furtivement parmi la foule, je m'approchai autant que possible du trône, où je pus distinctement entendre la délibération de la conférence.

Les deux statues, flattées de l'insigne honneur de l'invitation de la royale Déesse, s'animèrent, et leurs esprits, qui siégent sans cesse dans le cœur de leur âme, se détachèrent des deux masses de marbre, et se rendirent, conduits par les génies et les nymphes, aux pieds de la Déesse.

Le silence le plus complet succéda à une bruyante réception; tous les assistants se tinrent dans la plus respectueuse attitude, et la Déesse ouvrit la conférence :

« — Nobles et illustres seigneurs, — dit-elle, — j'ai osé venir troubler votre repos pour m'entourer de vos sages et salutaires conseils; en amants fidèles, vous avez paré mon front de votre gloire immortelle, vous faites la splendeur de ma royale cour : trouverai-je toujours en vous les dignes défenseurs de mon diadème, qui fait mon orgueil et la terreur de mes rivales?

» — Madame, — répondit Montesquieu, — nous déposons nos hommages respectueux aux pieds de Votre Majesté, nous vous jurons une éternelle fidélité; en défendant votre diadème, nous défendrons notre propre parure.

» — Merci, seigneurs, — dit la Déesse; — vos anciennes amitiés me répondent de votre fidélité sincère et de votre cordiale défense. Je vous ai convoqués pour entendre vos avis éclairés sur les questions graves dont mon Conseil d'État est saisi aujourd'hui. Un heureux messager est venu m'apporter la bonne nouvelle, dont je suis ravie, que des embellissements importants de ma capitale sont projetés; je voudrais que votre éminent génie, si fécond en conceptions grandioses, me donnât quelques lumières sur la bonne administration de ces travaux gigantesques.

» Que je suis fière, — continua-t-elle, — de mon peuple! Il n'a cessé de s'imposer de grands sacrifices et des privations de toutes sortes pour alimenter mon trésor; il m'apporte cordialement ses offrandes, avec une ardeur infatigable, pour enrichir l'éclat et la beauté de ma résidence chérie : bientôt donc j'aurai la joie d'y voir grossir le nombre des palais et des vastes rues, qui seront autant de fleurons ajoutés à ma couronne... Veuillez bien m'instruire de ce qui se passe et me donner des détails sur ces entreprises.

» — Il y en a dans le nombre, — répondit Montaigne, — qui n'ont pas reçu l'approbation de votre peuple; elles seront également en contradiction avec vos vues : aussi n'osons-nous, Madame, vous les dire, de crainte de vous affliger. Vos peines sont les nôtres, vos joies font notre bonheur, et nous voudrions de toutes nos forces écarter de vous tout ce qui pourrait troubler un seul instant votre félicité.

» — Mes vieux amis, — reprit la Déesse, — la délicatesse cordiale de vos nobles sentiments m'est sensible ; elle ne s'est jamais trahie un moment. Si vous étiez encore dans ce bas monde, je serais sans inquiétude sur la bonne disposition des grands travaux que l'on va exécuter ; mais votre hésitation me fait craindre que mes parures actuelles n'aient à en souffrir : leur sort est-il compromis ? — De grâce, faites-moi part de ces projets, bons ou mauvais ; quoique femme, je me suis armée de courage, comme il convient à ma dignité ; je vous écoute avec fermeté : parlez !

» — Puisque vous le voulez, Madame, — continua Montaigne, — nous allons vous obéir. Beaucoup de questions sont agitées : parmi les plus importantes, c'est celle de la construction d'un nouveau Musée et d'une nouvelle Bibliothèque, sur l'emplacement desquels on n'est pas encore d'accord. Les uns demandent l'expropriation des Bains au bas des Quinconces, pour mettre ces deux monuments à leur place. M. le Maire a opté pour leur construction un peu avant desdits Bains, en supprimant une partie des arbres de la place. — »

Cette nouvelle produisit une indignation générale dans toute l'assemblée : un mouvement confus eut lieu, un vif murmure se fit entendre, et toute l'assistance, mue comme par un même ressort, cria d'une seule voix : « *Ce n'est pas* » *possible !!!* » Les arbres tremblèrent ; leurs forces défaillirent, et leurs branches prirent, en signe de deuil, l'aspect des saules pleureurs ; les oiseaux plaintifs s'agitèrent, les nymphes et les génies firent des gestes réprobatifs, et l'éclat des Quinconces parut s'assombrir.

Un combat secret se peignit sur la physionomie noble et illuminée de la Déesse : l'âme résolue, le front fièrement levé, comme on lève l'étendard d'un empire attaqué, elle s'efforçait de cacher son émotion : mais une perle éblouissante, tombant de ses yeux, arrosait son visage et trahissait sa douleur.

Le sourire sur les lèvres, elle se leva et dit d'un ton ferme, mais plein de douceur et de tendresse :

« — Mes craintes se justifient; un sinistre pressentiment faisait depuis quelque jour l'objet de mon tourment. Cette enceinte grande et spacieuse est destinée aux réceptions des grandes solennités ! Quelles mains oseraient profaner ce sanctuaire, qui m'a été consacré par mes défunts époux ? — Cette place, la haute conception du roi Louis XVI, appartenait à l'État, et le plan en avait été dressé par Louis, le grand ingénieur-architecte bordelais. L'Empereur Napoléon Ier me fit don, plus tard, du sol; mais de grands obstacles arrêtèrent l'exécution de cette place. — Honneur à M. de Tournon, préfet de la Gironde en 1818 ! Son zèle persévérant sut vaincre toutes les difficultés. Laclotte, architecte de son temps, en modifia le plan et l'acheva, sous l'active et bienveillante sollicitude de son gouvernement.

» Quel téméraire se croit de force à entrer en lice avec ces grands génies, de si heureuse mémoire pour les Bordelais? Quelle présomption d'oser critiquer leurs œuvres ! Est-ce bravade ou mystification?... — Le temps a fait de cette place le plus beau joyau de ma parure; l'ensemble des coteaux de cette riante campagne et de cette forêt de mâts mobiles forme le fond d'un tableau unique en France : c'est un chef-d'œuvre de la nature, qui rehausse la beauté austère de ma capitale et ennoblit la magnificence de mon peuple. Tous les chefs de mon Sénat qui se sont succédé depuis son achèvement l'ont religieusement respectée et l'ont soigneusement embellie, *afin que cette vaste surface, les Champs-Élysées de Bordeaux, restât à perpétuité l'écueil de mes rivales.*

» Bordelais! oserai-je croire à une révolte contre ce qui m'est le plus cher, ou bien avez-vous perdu le bon goût du beau et de l'utile, que vos ancêtres ont cultivé avec tant d'ardeur ? — Ces places, ces palais, ces édifices superbes de tout genre sont les créations de leur génie sans bornes : eh bien ! si M. le Maire, mon nouvel époux, veut trouver le chemin de mon cœur et s'assurer de mon amour, qu'il respecte ce qui est bien déjà : qu'il crée et qu'il ne mutile pas; qu'il soit ingénieux pour enrichir l'éclat de ma résidence par de nouvelles créations dignes de l'élever au degré de la gloire de ses prédécesseurs !

» Je veux qu'on respecte cet héritage sacré qui a fait ma splendeur éblouissante et ma brillante renommée parmi les grandes villes de l'Europe ! Dans le barreau parisien, il y a des de Sèze, des Brochon et des Brezets dignes de l'ancien barreau bordelais, qui défendront ma cause, et il y a des lois dans tout l'empire qui feront respecter son intégrité. Je ferai appel à mes sujets fidèles : ils dompteront les rebelles, et s'opposeront énergiquement à ces tristes profanations de ma glorieuse capitale ! — »

Se tournant vers les premières de sa suite :

« — Envoyez, — leur dit-elle, — des émissaires pour convoquer mon peuple, afin que son vote universel garantisse l'intégrité de mes Quinconces. — »

Puis, embrassant d'un regard de tendresse et d'amour cette végétation si belle, elle se rassit.

Montesquieu lui répondit avec bonté et douceur :

« — Calmez, Madame, vos alarmes; les projets ne sont pas des faits accomplis; le cas est grave et fort embarrassant : la prudence et la sagesse prescrivent à l'homme qui répond de travaux si importants de formuler des projets pour mieux exercer son esprit et ses vues, afin d'assurer leur bonne exécution à la satisfaction de tous les intéressés. Votre époux, chef administrateur de vos sujets, n'aura aucun intérêt fondé à soutenir une idée qui serait en contradiction formelle avec les leurs; car tout chef d'administration qui, par un simple motif d'amour-propre, se met bon gré mal gré en opposition avec les intérêts locaux, s'expose à la critique générale : les mauvais résultats lui incombent; des reproches directs et indirects lui arrivent; l'opinion publique le condamne; le prestige de son influence est perdu, la disgrâce du chef de l'État le suit de près; les mauvais conseillers se lavent les mains; les regrets l'accablent, et toute la consolation qu'il puisse s'adresser dans son infortune, c'est de dire : « *Mon Dieu! si j'avais écouté, si j'avais pu prévoir!* »

» L'idée de placer les deux monuments aux Quinconces prouve en faveur des connaissances artistiques de votre époux; il reconnaît la nécessité de l'isolement des monuments publics, afin qu'ils puissent produire tout l'effet désirable d'embellissement pour la ville; mais ces deux monuments, dont l'usage comme Musée et comme Bibliothèque ne comporte pas plus de deux étages, ne seraient pas en harmonie avec les alentours grandioses de la place : par conséquent, ayant reconnu qu'ils ne répondaient pas à l'attente de votre administration ni à celle du public, M. Burguet, notre habile architecte, vient d'être chargé d'étudier attentivement le quartier de la nouvelle rue de l'Hôtel-de-Ville. Sur tout le parcours de cette ancienne rue du Peugue, il n'y a que des pâtés de vieilles masures hideuses et insalubres qui engendrent des maladies; on va les faire tomber en masse pour assainir ce quartier, et on espère que le talent de l'architecte trouvera facilement, entre la rue Porte-Basse et la rue du Pas-Saint-Georges, des éléments suffisants pour faire le plan d'une belle place, analogue à la place Dauphine; mais d'un style moderne, où l'on placera, dans les bas cotés, les deux monuments, l'un en face de l'autre. Cette nouvelle rue de l'Hotel-de-Ville aura l'aspect grandiose des boulevards de Strasbourg et de Sébastopol à Paris; les maisons seront élevées et d'une construction uniforme, avec de beaux magasins, et elle formera avec la nouvelle place un brillant quartier au cœur de la ville, où nos richesses littéraires et artistiques seront à la portée de la masse de la population studieuse.

» — Je m'en souviens, — reprit la Déesse, — mon heureux messager m'en avait parlé déjà : cette belle rue va remonter depuis les quais de la rivière, en droite ligne, et aboutir directement à l'Hôtel-de-Ville.

» — Non, Madame, — répliqua Montesquieu, — le projet de cette belle rue a été abandonné.

» — Pourquoi donc, — demanda la Déesse; — mon Conseil n'a-t-il pas donné suite à cette idée si grande et si belle, qui aurait été une des plus glorieuses conquêtes de nos jours?

» — On l'a abandonnée, — répondit Montesquieu, — à cause des grandes dépenses d'expropriation qu'il y aurait à faire dans ce quartier; il aurait fallu créer une toute nouvelle rue, tandis que dans le parcours de l'ancienne rue du Peugue, la rue étant déjà toute tracée, l'expropriation sera moins coûteuse.

» — Mon Conseil d'État, — dit la Déesse, — s'est distingué en tout temps par des conceptions gigantesques; mais je vois avec peine qu'il ait toujours fléchi devant leur exécution : il n'a, comme les Conseils de mes rivales, ni la persévérance pour les maintenir, ni l'énergie pour les exécuter; le moindre obstacle l'arrête, et ses belles combinaisons s'évanouissent aussitôt, comme se dissipent les brouillards, sur la Garonne, à l'apparition du soleil. Une vaste rue en ligne directe, depuis les quais jusqu'à l'Hôtel-de-Ville, aurait dégagé mon palais et lui aurait donné l'aspect magnifique d'une seconde résidence impériale; elle aurait ajouté une nouvelle splendeur à ma capitale, et aurait éclipsé la Cannebière des Marseillais; enfin, elle aurait été le chef-d'œuvre de mon administration actuelle, qui, comme monument, aurait immortalisé son souvenir aussi bien que le nouveau Paris immortalisera la glorieuse mémoire du grand règne de l'empereur Napoléon III. J'engage mon Conseil à revenir sur sa décision de l'agrandissement de l'ancienne rue du Peugue : qu'il attaque courageusement l'ouverture d'une vaste rue en droite ligne depuis mon Hôtel jusqu'aux quais; qu'il ne recule pas devant les dépenses qu'occasionneront les grandes choses : il aura l'approbation de mon peuple et s'attirera ses sympathies, chaque fois que l'argent sera employé avec fruit à de nouvelles et utiles créations.

» — Votre Palais, Madame, — reprit Montesquieu, — aura des changements notables : la lourde maçonnerie de l'entrée, qui fait terrasse le long de la place de l'Hôtel-de-Ville, n'ayant plus raison d'y être, sera supprimée; elle sera remplacée par une belle grille avec les ornementations dignes de l'entrée de l'Hôtel, afin de dégager la façade de votre résidence; l'affreux pavé de la cour sera remplacé par un pavage plus riche et plus digne de l'Hôtel d'une grande ville; elle recevra, en outre, des trottoirs tout autour, comme en ont les cours des palais à Paris. Le derrière de la Mairie, au cours d'Albret, entre la rue Monbazon et la rue Rohan, sera également changé; il y a deux projets en étude : on voudrait construire, au coin de chacune de ces rues, un gracieux pavillon, et placer tout le long, entre lesdits pavillons, une belle grille, comme celle du Jardin Public, afin de faire disparaître toutes ces vieilles boutiques de fripiers qui scandalisent l'entrée et la sortie des chefs de l'État, lors de leurs visites à Bordeaux: le frontispice de l'Hôtel et la vue du jardin seraient ainsi complètement dégagés; ou bien, on doterait la ville d'un monument somptueux, pour recevoir dans une aile l'Académie, et la Faculté des sciences, des arts et des lettres dans l'autre, monument si nécessaire et même indispensable au monde savant de notre cité, attendu que les établissements particls du corps savant ne répondent plus ni a l'importance ni à la dignité actuelle de votre capitale. On va également corriger la difformité choquante de la rue Dauphine, et lui donner un plan uniforme, du moins pour la hauteur des maisons, qui sera plus en harmonie avec l'aspect grandiose de la place Dauphine, le cours d'Albret et le derrière de la Mairie. Il est d'ailleurs probable que toutes les rues centrales recevront désormais un plan uniforme pour la hauteur des maisons, qui ne pourraient avoir à l'avenir une hauteur au dessous du plan réglementaire. — »

Montaigne prit la parole et dit :

« — Illustre Déesse, l'idée de votre époux de faire construire le Musée et la Bibliothèque aux bas côtés des Quinconces mérite d'être prise en haute considération; mais elle demande un examen profond et sérieux pour savoir si ces deux monuments y peuvent remplir le but et les conditions que tout Bordeaux se promet de leur érection, sans qu'il n'y ait ni gaspillage de capitaux, dépôt sacré entre les mains des administrateurs de votre peuple, ni vandalisme mal à propos de l'ornement actuel de la place qui décore si bien votre belle cité !

» Si une ville veut s'enrichir en monuments et en ornementations, il faut qu'elle ait pour principe rigoureux de respecter d'abord religieusement tout ce qui a été établi par les administrations précédentes; *car si elle fait créer, construire, défaire, démolir et reconstruire alternativement sur les mêmes emplacements, elle enterrera toutes ses ressources successives dans un même sol, en pure perte pour tous les intéressés; ses vieux quartiers resteront éternellement debout, et il s'écoulera des siècles qu'elle restera toujours Saint-Jean en embellissements.*

» Une ville ne se procure des finances qu'au détriment des

intérêts de sa population, à qui elle est obligée d'imposer de
grands sacrifices; elle doit donc apporter toute son attention
à ce que ses dépenses soient toujours couvertes par une va-
leur équivalente. Ce sont d'ailleurs, en pratique, les vrais
principes que toute administration ou direction quelconque,
commerciale ou administrative, doit professer religieusement : sans cela, elle n'arrivera pas à la prospérité. C'est
aussi pour cela qu'elle ne doit jamais détruire, mais bien
multiplier ses monuments et ses embellissements autant qu'il
lui est possible, et surtout dans les quartiers centraux, qu'elle
doit dégager de tout ce qui n'est plus en harmonie de pro-
preté et de beauté avec les idées et les mœurs de nos jours.

» Pour atteindre ce but, il faut qu'une administration soit
assez forte pour écarter toute idée émanant d'une influence
quelconque qui menacerait de saper les principes de son organisation économique, et qui ne serait pas en rapport avec
ses intérêts généraux.

» Ne nous arrive-t-il pas tous les jours d'avoir des idées
qui nous paraissent d'abord les plus avantageuses et les plus
extraordinaires, et qu'en suite des observations que nous
avons pu recueillir de part et d'autre, nous ne trouvons plus
que médiocres, préjudiciables, et même impraticables? Tout
le genre humain est plus ou moins atteint de ce brin d'illusion : les princes, comme les savants les plus célèbres et les
plus éclairés, n'en sont pas exempts; mais l'homme sage,
quel qu'il soit, se méfie de lui-même : une fois son idée
émise, il écoute toutes les observations avec attention, et
n'influence la question qu'après avoir acquis l'intime convic-
tion que cette idée est praticable sans préjudicier aux intérêts majeurs; mais lorsqu'il est convaincu que sa mise en
pratique ne pourrait balancer d'autres intérêts compromis,
il doit s'en désister sans hésitation, de crainte que les mauvais résultats qui en seraient la conséquence, et dont il serait

responsable, lui fissent plus tard regretter amèrement sa trop grande confiance en lui-même.

» Des motifs irréfutables condamnent, d'ailleurs, incontestablement le projet de construction des deux monuments au bas des Quinconces.

» I. — L'expropriation des Bains est une proposition irréfléchie et contraire à tous les intérêts locaux :

» 1° Il y aurait à restituer aux actionnaires le montant de leurs actions, qui, avec l'indemnité qu'il faudrait nécessairement leur accorder, ne se monterait pas à moins de 2 millions, et peut-être plus, qui seraient dépensés en pure perte pour le trésor municipal, sans qu'il en retirât un avantage quelconque;

» 2° La ville devenant propriétaire des Bains à l'échéance de soixante ans, durée du privilége que les actionnaires ont encore, aurait un revenu de 80 à 90,000 fr. qu'elle perdrait en détruisant les Bains, et l'avenir ne nous appartient pas.

» La Société des établissements des Bains des Quinconces s'était constituée par mille actions de 1,150 fr.,

ci. . . . . F. 1,150,000

» Elle a remboursé soixante actions par amortissement, compté sans prime, ci. 69,000

» MONTANT de neuf cent quarante actions qui restent encore, à 1,150 fr., ci. . . . . F. 1,081,000

» Je ne voudrais pas, Madame, faire en téméraire une fausse appréciation de l'indemnité que les actionnaires se croiraient en droit de demander; mais supposons qu'ils ne demandassent que 2 0 0 sur le capital de. . . . . F. 1,081,000

soit, pour soixante ans. 1,297,200

ce serait la somme énorme de. . . . . F. 2,378,200

qu'il faudrait sacrifier, sans compter la perte du revenu de

90,000 fr. par an, qui doit appartenir à la ville à l'échéance de leur p. ivilége.

» Je me borne à ces indications préliminaires, qui pourraient servir de renseignements, et qui prouvent que le chiffre du remboursement et de l'indemnité serait assez rond pour faire renoncer à une expropriation certainement inutile et onéreuse.

» Les Bains, construits sous l'administration zélée et active de M. de Tournon, par M. Laclotte, architecte de la ville, ont dignement figuré, depuis leur création, parmi les monuments cités pour attirer l'attention des étrangers sur les beautés de Bordeaux : placés au centre de la ville et à la portée des hôtels des voyageurs, ils rendent de grands services aux habitants et aux étrangers.

» Le projet de cette expropriation a été certainement proposé avec la meilleure bonne foi ; seulement, son auteur n'avait pas, dans ce moment, calculé les sacrifices que cette expropriation exigeait. Il ne serait donc pas étonnant qu'il retirât son projet, en motivant ce retrait comme suit :

» 1° Vu que si le Musée et la Bibliothèque étaient construits aux emplacements des Bains des Quinconces, nos richesses artistiques et littéraires seraient trop exposées à l'humidité de la rivière et des brouillards, qui, à certaines époques, sont tenaces et de longue durée, et que ces brouillards deviennent sérieusement sensibles dans toutes les habitations le long de la rivière ;

» 2° Vu que la conservation desdites collections serait, conséquemment, fort compromise, et qu'il y aurait à craindre des suites fâcheuses, des dégradations évidentes, irréparables et regrettables sous tous les rapports ;

» 3° Vu que le montant de l'expropriation, jeté dans un sol en pure perte, serait un sacrifice onéreux pour le trésor de la ville ;

» 4° Vu que les Bains, à l'échéance du privilége des actionnaires, reviendront à la ville, et lui apporteront un revenu
de 80 à 90,000 fr. par an, et que, par conséquent, en les
expropriant, ce revenu lucratif serait perdu pour elle;

» 5° Vu, enfin, que les Bains sont des édifices monumen-
taux et d'une utilité notoire, qui rendent de grands services
au public:

» Il est de tout intérêt que je retire ma proposition, et
j'engage le Conseil d'appliquer le capital qu'aurait exigé
cette expropriation à la formation d'une place sur le parcours de la nouvelle rue de l'Hôtel-de-Ville, où nous pour-
rions avantageusement placer et le Musée et la Bibliothèque.

» II. — Le Musée et la Bibliothèque, placés au bas des
Quinconces, ne seraient guère visités que par la curiosité des
étrangers; les grandes chaleurs de l'été et le mauvais temps
de l'hiver seraient un obstacle suffisant pour empêcher les
habitants de notre cité de fréquenter nos collections avec
ardeur. Personne ne voudrait franchir cette place pour se
rôtir en été; moins encore voudrait-on braver la mauvaise
température de l'hiver : et si on se plaint du peu de lecteurs
de la Bibliothèque actuelle, placée au fond des Quinconces,
il y en aurait bien moins encore!

» Leur construction aux emplacements désignés par votre
époux, entre la rue de Condé et la rue d'Orléans d'un côté,
et entre la rue Vauban et la rue Foy de l'autre, aurait
d'abord tous les inconvénients ci-dessus déjà indiqués, et,
ensuite, placées à côté des Bains, nos précieuses collections
seraient, sans contredit, exposées à la dégradation de la
fumée, qui entraînerait forcément l'expropriation desdits
Bains; cette expropriation n'étant pas le cas d'une utilité
publique, il serait donc à craindre que les actionnaires, alors,
eussent une prétention plus élevée encore qu'ils pourraient

l'avoir aujourd'hui, ce qui serait toujours une ruine déplorable pour nos finances.

» L'emploi et l'utilité du Musée et de la Bibliothèque exigent plutôt une construction en étendue qu'en hauteur : dans ce cas, ils seraient écrasés par l'importance des édifices élevés qui entourent les Quinconces ; leur aspect, au milieu du grandiose imposant de la place, serait ridicule ; leur vue serait masquée, et ils ne pourraient produire à la ville leur effet monumental qu'en les dégageant de tous les arbres, dont il faudrait faire le sacrifice complet, — ce qui serait un acte de haut vandalisme, — et auxquels on substituerait des squares prolongés jusqu'au cours du Trente-Juillet, en n'en laissant que quelques bouquets comme ornement. — »

En ce moment, un tumulte confus se fit entendre ; une panique affreuse s'empara de toute l'assemblée ; on aurait dit que c'était un sauve-qui-peut général ; des lamentations navrantes furent poussées de toutes parts ; les nymphes en confusion se serraient les unes contre les autres, comme les brebis en danger à l'approche des loups ; les arbres, aux abois, chancelèrent et produisirent des gémissements lugubres semblables aux chants mortuaires, et leur doyen, le regard effaré, ses rameaux hérissés comme des cheveux sur la tête d'un pendu, faisant des signes d'épouvante vers les deux côtés des Quinconces, accourut au pas gymnastique, et se précipita au pied du trône.....

« — Remettez-vous de votre trouble, — lui dit la Déesse avec douceur ; — vous qui avez bravé tant de tempêtes, qui avez maintes fois senti la poudre, vous vous abandonnez comme cela au découragement !... Faites-moi part de la cause de votre terreur.

» — Madame, — balbutia le doyen terrassé, en montrant les allées d'Orléans et les allées de Chartres, — regardez là-bas ces rangées de haches déjà dressées ; en attendant

l'instant de notre condamnation, elles se tiennent prêtes à
recevoir des ordres pour notre exécution !.. — »

La Déesse, qui, seule, avait gardé ce calme austère parti-
culier aux grandes âmes dans les moments de détresse, se
leva et recommanda à la foule le silence ; et, avec le concours
de Montaigne et de Montesquieu, elle parvint à arrêter le
désordre. Appelant ses nymphes auprès d'elle, elle en envoya
six, les plus robustes et les plus courageuses, armées de
hallebardes, pour s'enquérir de l'exactitude de ce qui venait
de lui être dit.

Les nymphes revinrent bientôt ; contentes et joyeuses,
elles rapportèrent qu'elles n'avaient vu aucune hache, et
qu'elles n'avaient trouvé que l'ombre des arbres produite par
l'éclat de la grandeur splendide de Sa Majesté la Ville de
Bordeaux.

C'est que le discours de Montaigne avait frappé les arbres
d'une terreur tellement vive, qu'ils ne voyaient plus autour
d'eux que des haches élevées et prêtes à les abattre ; rassurés, cependant, en voyant que leur frayeur n'avait eu pour
cause que l'impression produite par un effet d'optique, tout
rentra dans l'ordre, et Montaigne reprit son discours :

« — La place ainsi dégagée, — dit-il, — ornée de squares,
aurait certainement des charmes ; elle aurait un aspect plus
gai et plus riant ; mais le Musée, la Bibliothèque et les Bains
formeraient un pâté de bâtisses sans harmonie, qui, avec la
difformité des maisons des allées d'Orléans et des allées de
Chartres, présenterait un contraste boiteux et contre toutes
les règles d'embellissement d'une ville ; ce serait une combinaison manquée et d'un aspect disgracieux.

» Le vandalisme de ces arbres serait un malheur irrépara-
ble pour votre capitale chérie ; il lui enlèverait pour jamais
son caractère austère et imposant, si nécessaire aux intérêts
du monde commercial de la ville.

» Chaque chose doit avoir sa place et son à-propos : eh bien! ce quartier du haut commerce doit conserver sa physionomie digne et imposante; elle inspire du respect aux hommes sérieux qui alimentent les intérêts commerciaux de la ville, et sa disparité de caractère rehausse les charmes aux créations plus poétiques des squares fleuris dont le Jardin Public remplit déjà toutes les conditions.

» Si, dans ma nature d'esprit, j'avais le pouvoir de donner à cette place l'aspect féerique du troisième acte du *Cheval de Bronze*, où de jeunes fées, papillonnant au milieu des rosiers fleuris, tendent au seigneur des filets enchanteurs, je suis sûr qu'une fois la première curiosité satisfaite, tout Bordeaux reclamerait à grands cris, par voies de trompettes et de journaux, ses anciens Quinconces, et ferait des vœux pour que cette place efféminée, qui n'aurait pas de raison d'être dans le quartier d'un monde affairé, fût transportée dans un lieu plus calme, où l'esprit, retiré de ses occupations sérieuses, pût se recueillir et se livrer aux rêves théâtrals.

» La création du Jardin des Plantes au Jardin Public devrait être une leçon des plus sévères, en fait d'embellissement, pour votre Sénat : il sait bien que le vandalisme complet des arbres de ce Jardin a été le sujet d'une critique universelle et permanente; lui-même on a éprouvé les plus amers regrets. Placerait-il la serre où elle se trouve actuellement? Ne la ferait-il pas faire plus vaste qu'elle no l'est maintenant? Ne conserverait-il pas une allée, ou au moins une partie de ces arbres séculaires, si beaux et si gigantesques, qui ornaient le Jardin? Vendrait-il les terrains tout autour de la place? — Il connaît l'opinion publique à cet égard, et, certes, s'il avait à recommencer, il prendrait de tout autres dispositions pour son agencement.

» L'homme doit être conséquent avec lui-même et doit laisser à chaque chose son caractère, suivant sa destination;

la diversité des décors des places rehausse le beau cachet d'une ville; le quartier du haut commerce doit être sévère, imposant, et cependant ne pas être dépourvu de charmes : par conséquent, les belles façades des quais, les quais mêmes, les chantiers, les coteaux et la belle campagne, au delà de la rivière, et la rade avec ses navires, réunis aux Quinconces actuels, atteignent ce but; on doit donc religieusement respecter ces derniers et leur laisser le beau caractère de leurs arbres. — »

Après ce discours, la Déesse, regardant d'un œil doux et tranquille toute l'assemblée qui l'entourait, se leva et prit la parole en ces termes :

« — Seigneurs et vénérables amis, je suis pénétrée de reconnaissance envers vous pour les discours si profonds en sagesse que vous venez de prononcer; ils m'ont clairement exposé la certitude qui plane sur le sort des embellissements de ma résidence : elle est menacée de tristes mutilations dans les objets qui ont fait l'éclat de ma splendeur; j'en suis alarmée. J'ose cependant espérer que ce bois sacré, respecté par les fureurs des tempêtes et vénéré par les visiteurs des pays lointains, ne tombera pas sous la hache de mes sujets bien-aimés... Non! leurs mains n'oseront commettre ce sacrilège de me dépouiller de ma belle parure, souvenir précieux dont, en leur nom, mes anciens époux ont su me parer avec tant d'art et de délicatesse! Ils n'oseront dénaturer et profaner ce qui a fait leur orgueil patriotique et ma grandeur!

» Mes droits et devoirs de souveraine m'imposent l'obligation d'attirer l'attention de mon Conseil d'État sur la divergence notable qui existe entre son esprit administratif et celui des administrations de mes rivales.

» Marseille, la plus redoutable d'entre elles, a fait disparaître de son centre tous les vieux quartiers, et n'a pas craint la dépense en donnant à sa Cannebière le développement le

plus étendu et le plus digne d'une grande ville. — Consultez
le *Sémaphore*, journal de Marseille, sur l'établissement d'un
nouveau boulevard que l'on construit au centre de cette
ville, et lisez la description de tous les travaux en voie
d'exécution dans la même cité !.....

» Paris perce ses vieux quartiers dans tous les sens par
des rues spacieuses : pourquoi ne le ferait-on pas à Bordeaux ? Paris donnerait des millions pour avoir des Champs-
Élysées dans chacun de ses arrondissements, et j'ai la douleur d'apprendre qu'à Bordeaux, seule capitale de province
assez privilégiée pour en posséder au centre de la ville
même, on veut employer des millions pour les détruire !...

» Paris a complètement renoncé aux jardins anglais ; il a
compris que les fleurs ne peuvent garantir le public contre
l'ardeur des rayons du soleil : aussi multiplie-t-il dans tous
les quartiers, et autant qu'il le peut, les jardins publics ou
squares, comme on les appelle aujourd'hui. Toute la ligne du
boulevard Sébastopol ne forme presque plus qu'une grande
promenade publique : ayant déjà ses deux rangées d'arbres,
il est entouré du square Saint-Jacques-la-Boucherie, qui tou-
che celui du Châtelet et se rapproche de celui des Innocents,
et le square des Arts-et-Métiers, très voisin des anciens boulevards, n'est pas éloigné du square du Temple. Le square en
face du Conservatoire des Arts-et-Métiers, tout récemment
établi, ne forme que de simples quinconces de marron-
niers à la française, laissant sa surface entière à la disposition du public, qui s'y porte en foule et y trouve partout
un salutaire ombrage. L'empressement des Parisiens pour
avoir de l'ombre est tellement fort, qu'ils ne s'amusent pas
à la plantation des jeunes arbres : sur toutes les places publiques, ils ne plantent plus maintenant que des arbres déjà
venus, qui sont dans le cas de procurer de l'ombre tout de
suite.

» Que mon Conseil évite une fausse direction dans la voie des embellissements projetés; qu'il emploie les capitaux destinés à l'agrandissement de ma capitale avec fruit, et il s'attirera infailliblement l'approbation et la sympathie de mon peuple; qu'il suive l'exemple de Paris, et qu'il crée, à l'imitation de cette capitale intelligente, au sein de ma cité, un nouveau quartier! Le commerce et l'industrie y gagneraient, et la ville deviendrait plus florissante et plus belle. Puisque l'animation commerciale d'autrefois est affaiblie par la concurrence de mes rivales maritimes, que mon Conseil, ainsi que mon peuple, protégent l'industrie et favorisent son développement; ils y trouveront une nouvelle source de fortune, qui compensera largement l'affaiblissement des affaires commerciales.

» Mon Conseil a 17 millions à sa disposition : c'est un joli noyau de capital, avec lequel on peut arriver à de grandes choses, quand on sait le faire valoir; eh bien! pourquoi ne favoriserait-il pas l'organisation d'une Compagnie immobilière, par actions, à la tête de laquelle se trouverait une association d'ingénieurs, d'architectes et d'entrepreneurs?.... Les rues une fois percées, et les maisons construites, il ne manquerait pas de capitalistes pour s'en rendre les propriétaires, et tout le monde gagnerait dans ces entreprises bien combinées. Ma capitale a des ressources inconnues; il ne lui manque que des hommes assez ingénieux et entreprenants pour les mettre à profit.

» La proclamation de mon époux à mon peuple, lorsqu'il fut appelé au poste de chef de mon Conseil, me faisait espérer qu'il était l'homme qui depuis déjà longtemps manquait à ma cité; il y disait :

« Bordeaux, en l'Hôtel de Ville, le 31 décembre 1862.

» Le Maire de Bordeaux,

« J.-Eugène HERMON. »

MAIRIE DE BORDEAUX

Aux Bordelais.

« Chers concitoyens!

» La confiance de l'Empereur m'a appelé à un poste aussi
» difficile qu'honorable. Je l'ai accepté.

» Bordelais de sang et de cœur, fidèle aux traditions de ma
» famille, je vous apporte tout ce que j'ai de forces et de
» volonté pour le bien. Je veux que notre grande cité devienne
» plus belle encore et plus prospère. Dans ce but, unique
» objet de mon ambition, récompense future de mes ardents
» efforts, je fais un cordial appel à tous les dévouements et à
» tous les cœurs vraiment bordelais. A moi donc tous les
» hommes d'initiative et de progrès!

» Vous connaissez mes collaborateurs : leur choix et notre
» solidarité seront pour vous un premier gage de confiance
» dans l'avenir.

» Jugez-nous à l'œuvre!

» La tâche est grande et laborieuse; mais, au-dessus de
» de nous, rayonnant dans le passé, il est un nom, longtemps
» méconnu, plus tard vénéré et béni, modèle d'énergie et de
» persévérance dans le dévouement, un nom qui doit, de haut
» et de loin, comme une étoile tutélaire, servir de guide à
» toute administration : TOURNY ! — Heureuse et honorée
» sera la nôtre, si elle parvient à s'inspirer de son immortel
» exemple!

» A Bordeaux, en l'Hôtel-de-Ville, le 31 décembre 1863.

» *Le Maire de Bordeaux,*

» G.-Henry BROCHON. »

» Que mon époux relise cette proclamation, et il y trouvera la contradiction la plus flagrante entre ses promesses
d'alors et ses intentions actuelles. Ce n'est pas suivre l'exemple de l'immortel Tourny que de vouloir détruire l'œuvre
dont ce grand homme lui-même avait tracé le plan; ce n'est
pas en sacrifiant les Quinconces qu'il parviendra à s'inspirer de son beau génie! Et, en présence de la protestation
générale du public, et du grand nombre de conseils salutaires donnés par des hommes compétents, contre le projet
de construction du Musée et de la Bibliothèque aux Quinconces, la persistance dans cette idée de mutilation de cette
belle place n'est plus aujourd'hui que l'entêtement d'un
amour-propre exagéré et déplacé, dont l'exécution lui attire-
rait la réprobation de toute ma cité et le blâme général de
tous ceux qui la connaissent!

» Que mon époux n'ignore pas qu'il met dans l'embarras
ses véritables amis et les subordonnés qui l'entourent : les
uns, par égard pour lui, et les autres, par courtoisie, n'osent
lui dire ouvertement le fin mot de leur opinion; ils sont
forcés d'approuver, en apparence, ce qu'ils condamnent inté-
rieurement. C'est à lui d'agir en homme sage. Pour garantir
l'intégrité du génie des Brochon, il faut qu'il renonce à son
projet! Il n'est déshonorant pour personne d'abandonner une
idée condamnée d'avance par l'opinion publique; au contraire, en renonçant à la sienne, mon époux se posera devant
mes sujets en homme de bon sens, et gagnera leur confiance
la plus illimitée.

» L'hôtel de la Marine pourrait être éloigné de la place
Tourny. Qu'il fasse étudier un projet! Il est possible que,
tout en conservant le plan de cette place, on trouve le moyen
d'y construire les deux monuments : là, ils seraient en évi-
dence, et visibles depuis la place de la Comédie.

» Que mon époux tremble à la seule pensée des suites

fâcheuses qu'ont parfois les entreprises légèrement combinées; qu'il songe aux funestes résultats qu'ont eues plusieurs de celles des administrations précédentes, et qu'il détourne ses vues des Quinconces! Il n'en aurait, plus tard, que des regrets, et peut-être même des remords, comme ses prédécesseurs en récoltèrent dans les entreprises des eaux de la ville et de la création du Jardin des Plantes!....

» Bordelais de sang et de cœur, mon époux ne peut rester fidèle aux traditions de sa famille que par des conceptions grandes et de nouvelles créations; il ne peut devenir le digne émule de Tourny qu'en plantant courageusement le drapeau de son génie dans le quartier situé entre l'Hôtel-de-Ville, la rue des Ayres, la rue des Trois-Conils et les quais de la rivière; c'est de ce beau centre de la ville qu'il doit faire disparaître toutes les vieilles masures, pour y créer un nouveau et riche quartier de commerce et d'industrie!

» Puisque mon Hôtel lui doit servir de demeure, il faut que ses abords soient dignes de sa résidence, afin que les personnages illustres qui viennent visiter Bordeaux puissent admirer la beauté des travaux de son administration. Oui! il doit avoir en honneur de créer un brillant quartier Brochon, comme il y en a un de Tourny, afin que le génie des Brochon maires s'immortalise, comme s'est immortalisé celui des Brochon avocats!

» Allez! enfants de ma glorieuse capitale, réveillez-vous, prenez l'initiative, apportez à mon époux les lumières de vos intelligences créatrices, imitez les grands génies de vos ancêtres, et rendez-vous les dignes émules de Louis, le grand ingénieur-architecte bordelais! Regardez autour de vous : tous les quartiers de la ville possèdent de précieuses reliques de son vaste génie! Allez admirer son œuvre dans l'îlot situé derrière le Grand-Théâtre : toutes ces maisons et hôtels, compris entre le Chapeau-Rouge, la rue Esprit-des-Lois et la rue Richelieu, furent bâtis, meublés et habités dans l'espace de deux ans! Montrez que son génie n'est pas éteint, et qu'il reste immortel et héréditaire dans l'esprit de ses compatriotes!...

» Que les ministres de mon époux et mon Conseil d'État lui prêtent leur concours, et qu'ils l'assistent de leurs conseils, en bons patriotes; qu'ils travaillent ensemble avec lui pour leur propre gloire et pour la gloire commune de tous les Bordelais : la gratitude de mon peuple les récompensera largement de leurs efforts, et la postérité honorera à jamais leur mémoire!...

» Bordelais! laissez-moi mes bien-aimés Quinconces : l'hiver comme l'été, ils me parent de cette noble dignité qui inspire du respect et de la vénération!... Un voile de gaze rose me donnerait une physionomie chétive et trop efféminée pour pouvoir vous représenter dignement; l'hiver, en m'en dépouillant, m'exposerait à une nudité complète!... Voyons : un mari téméraire qui priverait son épouse de ses parures avant de les avoir dignement remplacées, saurait-il prétendre au droit d'avoir acquis ses bonnes grâces?... — »

Se tournant alors vers les nymphes :

« — Mon peuple, — leur dit-elle, — est-il prêt pour le vote?... Constituez vos bureaux, et faites-le approcher. — »

Tous les Quinconces étaient envahis de corporations de toutes espèces, drapeaux et bannières en tête; elles étaient accourues de tout le département et s'étaient rangées en ordre. Les nymphes avaient eu soin déjà de faire procéder au vote par corporation; il n'y avait donc plus qu'à rassembler les votes collectifs de chacune d'elles pour connaître le résultat du vote général.

Le bureau central se constitua : une députation d'arbres y était présente; l'urne pour recevoir les bulletins fut préparée, et une des principales nymphes fut chargée de l'office de secrétaire. — Des députations composées de trois membres par corporation s'étaient formées; elles s'avancèrent dans l'ordre ci-après vers le bureau central, et déposèrent tour à tour dans l'urne le vote unanime des membres des corporations qu'elles représentaient, chacune d'elles le motivant à sa façon :

1° *Députation de la garnison militaire.*

Le tambour-major, chef de la députation, en grande tenue, parla ainsi :

« — Nous votons contre le projet de construction et pour la conservation des beaux arbres des Quinconces, dont l'ombre bienfaisante nous met à l'abri des rayons ardents du soleil pendant nos exercices. Nous avons entendu dire qu'ils sont menacés de partager le sort des arbres des allées de Tourny et du Jardin Public, ravagés par des espèces *arboricores* qui, y ayant pris bon goût, n'en veulent plus respecter aucun sur leur passage. S'il en est ainsi, nous retirerons notre musique des places publiques, ou bien elle n'y jouera désormais que des airs de Barbarie ! — »

2° *Députation de toutes les municipalités du département* (excepté de celle de Bordeaux, qui s'était réservé de juger en dernier ressort).

Le chef de cette corporation prit la parole en ces termes :
« — Nous votons contre le projet de M. le Maire de Bordeaux, car nous gardons toujours le souvenir de la réception solennelle faite dans cette ville à l'illustre chef de l'État, Sa Majesté l'Empereur Napoléon III, lorsque pour la première fois il vint nous visiter. La magnifique place des Quinconces n'était pas assez vaste pour contenir l'affluence des autorités et du peuple; si donc elle était encombrée de roses et d'autres fleurs, on saurait encore moins où nous placer dans de pareilles circonstances ! — »

» — Pardon ! — dit l'un d'entre eux, — puisqu'on va construire des palais à cinq ou six étages, les étages supérieurs seront convertis en salles d'attente, où l'on nous servira des saucisses truffées, des jambons, du rôti de mouton, des gâteaux, du Médoc et du Champagne, et autres bonnes choses, pour nous restaurer et nous rafraîchir pendant notre attente. —»

Le secrétaire prit très minutieusement note de cette logique observation, bien digne d'être conservée et de figurer avec éclat dans les archives de la ville de Bordeaux.

3° *Députation des marchands forains.*

Cette députation était représentée par M. Moïse Delcampo, qui, prenant la parole, dit en s'adressant à la Déesse :

« — Madame, je suis le doyen ds tous mes confrères, et c'est en leur nom que j'ai l'honneur de remercier votre Conseil d'État de l'heureuse création du champ de foire aux Quinconces. Autrefois, disséminés le long des quais, nous étions exposés à patauger dans une boue ignoble, que les acheteuses et acheteurs étaient condamnés à ramasser avec leurs robes et avec leurs pantalons; les quais étaient encombrés, et l'aspect difforme de nos vieilles baraques offrait un coup d'œil hideux. La foire d'aujourd'hui est la plus belle combinaison qui puisse faire honneur à votre bienveillante administration : aussi en recueillit-elle les fruits. Autrefois, cette foire n'était visitée que par les habitants de la localité et par quelques campagnards des alentours; mais, à présent, elle l'est non seulement par les gens des départements limitrophes, mais encore par ceux de Toulouse, d'Agen, de Bayonne, de Périgueux et d'autres villes lointaines, qui viennent deux fois par an nous apporter un tribut semestriel. Il est vrai, il n'y a pas 200,000 fr. qui tombent directement dans la caisse municipale ; mais les maîtres d'hôtel, les cafe-

tiers, nous, marchands, tous vos contribuables, enfin, en
profitent, et la ville y gagne en animation. Eh bien !
Madame, malgré ces avantages pour vos sujets, il y a des
gens qui reprochent à votre Conseil son œuvre, si utile pour
la ville et si philanthropique pour nous, pauvres marchands
forains ! Mais j'ai consolé mes camarades et les ai rassurés
à ce sujet : j'ai lu dans mes livres qu'il y a des gens qui ne
sont jamais contents, et qui ne sauraient être satisfaits des
œuvres du bon Dieu lui-même ; la base de leur jugement se
renferme hermétiquement dans les limites de leur esprit
individuel ; ils ne connaissent qu'eux seuls, et les viscissi-
tudes de leur prochain n'ont jamais pu trouver l'accès de
leur cœur. Cependant, nous sommes des contribuables comme
eux : non pas sur une même échelle, il est vrai ; mais chacun
paie son tribut selon son état et ses moyens ; et lorsqu'on
fait son état avec honneur et loyauté, on est toujours digne
de l'estime et du respect de ses concitoyens. — »

« — Monsieur Delcampo, — dit Montesquieu, — vous êtes
un honnête homme, et j'intercèderai pour vous. L'époux de
Sa Majesté la Ville de Bordeaux est bon et juste : dans sa
sollicitude paternelle pour ses administrés, il aura toujours
soin d'eux ; il s'efforcera de les rendre heureux par sa bien-
veillance et les protégera contre les attaques préjudiciables
à leurs intérêts dont ils pourraient être l'objet. C'est étonnant, cependant : la foire ne saurait être mieux nulle autre
part que sur cette place... Qui peut donc demander son dé-
placement, et où voudrait-on la transporter ?

» — Je ne sais pas, noble seigneur, — répondit M. Delcampo ; — c'est un monsieur qui, traversant tous les jours,
au plus fort de la chaleur, les Quinconces, dit que cette chaleur ne l'incommode point, et que, par conséquent, puisqu'il
ne la sent pas, *l'ombre des arbres*, prétend-il, *est inutile
pour les autres*. Il demande donc que la place soit rasée, que

l'on y construise le Musée et la Bibliothèque, et que l'on transporte la foire je ne sais où ; — car on ne voudrait pas nous souffrir dans les rues, ni sur les cours, ni sur les quais ! — »

Polichinelle, qui faisait partie de la députation, prit la parole à son tour, et dit :

« — Vous ne savez pas où l'on pourrait établir la foire ? Eh bien ! moi, je veux vous donner une idée : puisqu'on ne voudrait pas nous souffrir sur aucune des voies publiques, que les personnes qui n'aiment pas nous voir aux Quinconces, si elles ont des propriétés rurales, nous envoient, pour le temps de la foire, leurs prairies : nous louerons les bateaux nécessaires, et en ferons une foire nautique ! C'est une idée poétique de mon crû ; j'y tiens essentiellement. — »

Venaient ensuite les enfants et leurs bonnes ; les chevriers avec leurs équipages ; Guignol avec son théâtre, assisté de toute sa troupe d'artistes ; les oiseaux ; tous les théâtres de chiens, de singes et d'autres animaux ; — ces derniers toujours si intéressants pour la majorité du public, non seulement et purement par les grimaces qu'ils peuvent faire, mais encore parce qu'on ne peut s'empêcher d'admirer, en les regardant, la patience et le talent de l'homme qui s'applique à transformer l'instinct de ces animaux jusqu'à leur donner une certaine dose d'intelligence. La morale de ces exercices n'est réellement saisissable que pour les observateurs des mystères de la création divine ; ils sont trop prosaïques pour certaines personnes qui ne se rendent pas même compte du plaisir qu'il procurent à la jeunesse d'abord, et ensuite aux parents, heureux de voir que leurs enfants trouvent à leur portée de quoi se distraire. Aussi ces personnes sont-elles toujours prêtes à bannir tout ce qui n'entre pas dans leurs vues personnelles ; elles savent, cependant, que les goûts et les couleurs ne se discutent pas. La monotonie de l'esprit et de la nature occasionnerait un ennui mortel, et nous plongerait dans un abrutissement complet.

Après le vote, un défilé général eut lieu, et toutes les corporations, aux cris mille fois répétés de *Vive la Ville de Bordeaux! Vivent les arbres des Quinconces!* se retirèrent. Il ne resta plus sur la place que la Déesse et sa suite, Montesquieu et Montaigne. La Déesse, pour témoigner à ces deux célébrités bordelaises sa reconnaissance, ordonna une revue en leur honneur, et tous les génies et toutes les nymphes s'échelonnèrent sur deux rangs, de chaque côté du trône.

J'aurais dû me retirer avec les corporations; nul ne m'aurait aperçu... Mais me voilà maintenant dans un fameux embarras : le trône étant au milieu de la place, je ne pouvais pas songer à m'échapper; les nymphes, qui, avec leurs ailes, voltigent plus rapidement que les vents, m'auraient bien vite atteint. Il ne me restait donc d'autre parti à prendre que de me mettre en rang au milieu des nymphes, de passer la revue avec elles, et de m'échapper au moment de leur départ avec la Déesse.

Mais quel ne fut pas l'étonnement général de voir le nombre des nymphes échelonnées au complet, pendant que l'une d'elles, en petite jupe seulement, courait dans toutes les directions à la recherche de son voile.

Je voyais le danger qui me menaçait, et j'aurais voulu être à cent pieds sous terre; je frissonnais de tous mes membres, et mes dents claquaient comme un moulin à moudre. Ainsi troublé, je serrai le voile pour bien cacher ma barbe; mais, malheureusement, je n'avais pas songé que mon pantalon le dépassait de beaucoup... Tant que j'avais été au milieu d'une foule compacte, nul ne s'en était aperçu; mais, en rang avec les nymphes, j'étais trop exposé à leurs regards pour oser espérer leur échapper.

Tout à coup elles s'agitèrent, et crièrent à la trahison en m'entourant de leurs hallebardes.

Comme foudroyé, je baissai la tête, me croyant accablé de coups; il me sembla que l'on voulait me débarrasser gratuitement de mes yeux et de mes cheveux. Mais il n'en était rien : enveloppé du voile, on me l'avait arraché un peu cavalièrement, ce qui m'avait fait craindre un instant qu'on voulût me mettre en pièces. Revenu de mon premier trouble, je me vis entouré d'un cercle de hallebardes, dont les pointes étaient dirigées vers moi, afin de me tenir en respect, — les nymphes n'osant me toucher de leurs mains, de crainte que leur nature divine ne fût souillée par le contact d'un habitant de ce bas monde, en butte à toutes les faiblesses humaines.

Ainsi escorté, on me conduisit devant la Déesse, qui, bien qu'étonnée de ma présence, me regarda avec indignation, et dit :

« — Étrange apparition! Un mortel a osé venir déshonorer ma souveraineté par une lâche trahison!... Malheur à vous ! votre audace vous sera funeste!... Tremblez et craignez ma colère!... »

Glacé de frayeur, je me tenais dans l'attitude la plus confuse et la plus suppliante; mais le reproche de lâcheté, vice abhorré et étranger à mon âme, me frappa au cœur. Blessé au vif, je relevai la tête, et, le regard fixé sur toute l'assemblée, je répondis d'une voix émue et respectueuse :

« — Madame et magnanime Déesse! ne me condamnez pas avant de m'avoir entendu; ma justification vous convaincra que je ne suis pas aussi coupable que vous pouvez le supposer. Le vif intérêt que j'ai toujours éprouvé pour vos Quinconces m'y avait seul amené, et le spectacle sublime de votre apparition imprévue enchaîna ma curiosité.

» — Votre curiosité téméraire, — reprit-elle, — mérite le

châtiment; car un noble chevalier ne se serait pas servi de
cette ingénieuse tromperie pour épier les amants dans leur
doux entretien. — Que cherchiez-vous en ce lieu, à cette
heure?

» — Très auguste et très clémente Divinité, — lui répon-
dis-je, — au nom de votre bonté inépuisable, au nom de votre
douce félicité, je vous en supplie, radoucissez votre cour-
roux! Voudriez-vous infliger un châtiment immérité à
l'homme qui, sensible à votre bienveillante hospitalité, n'a
cessé de vous rendre ses hommages?... Vos charmes invin-
cibles embrasent le cœur de tous ceux qui vous approchent,
et vos nobles grâces vous attirent leur vénération. La réputation de votre grandeur, se répandant au loin, avait excité
dès mon enfance mon admiration, et aujourd'hui, attaché au
sort de vos sujets, je partage vivement toutes leurs peines,
et me réjouis avec eux de vos gloires nouvelles.

» Les travaux de votre heureuse capitale, dont ces hommes vénérables et illustres viennent de vous entretenir, in-
téressent tous ceux qui aiment à vous voir toujours belle.
Comme eux, je suis inquiet sur le sort de vos Quinconces, et
c'était le vif intérêt que je porte à votre magnanime cité
qui m'avait, je le répète, amené ici. Surpris de votre pom-
peuse arrivée, dont l'éclat féerique éblouissait mon regard
ravi, votre auguste splendeur fascina mes pas; les chants
d'allégresse de vos nymphes, leur voix vibrante, enivraient
mon cœur, et mon âme en extase, étonnée de la descente
mystérieuse des esprits divins sur ce monde terrestre, brûla
du désir d'entendre leur langage et m'entraîna vers vous.

» Ne m'accusez pas, Madame, d'un dessein coupable : l'in-
discrétion que j'ai commise en m'approchant de vous, n'est-
elle pas l'œuvre de votre radieuse beauté? — Votre douceur
captive tous les cœurs, et le merveilleux fluide de votre
amour les tient esclaves.

» Mais ne craignez rien : le mystère de cette solennité restera enfoui, comme un précieux trésor, dans le plus profond secret de mon âme ; le culte mystérieux qu'elle professe pour votre Divinité lui en fait une loi. — »

Elle me répondit :

« — La profession de vos sentiments sympathiques à mon égard m'enlève le doute sur vos intentions et excuse votre présence ; je la crois sérieuse, et l'accepte comme un gage sincère de votre loyale amitié : touchée de l'éminent intérêt que vous me portez, je vous accorde la mienne : comptez-vous désormais au nombre de mes amis. Je vous dégage de votre serment ; le mystère de cette solennité n'ayant pour objet que l'expression de ma sollicitude pour le bonheur de mon peuple, je vous charge, au contraire, de la porter à la connaissance de mon époux et de mon Conseil d'État, afin qu'ils soient prévenus des dangers, cachés sous le voile d'une illusion trompeuse, qu'entraîneraient leurs projets contre les Quinconces, projets dont l'exécution compromettrait leur gloire et leur tranquillité.

» Les idées de chacun méritent du respect ; elles prouvent que l'homme pense ; mais elles doivent être soumises, non pas à la décision d'un seul, mais bien à l'examen minutieux d'une réunion d'hommes compétents, composée d'ingénieurs et d'architectes de la ville. Leurs avis éclaireront mon Conseil, qui pourra alors délibérer en toute connaissance de cause.

» J'engage ces hommes à soutenir mon époux de leurs lumières franches, loyales et sans arrière-pensée, afin qu'il puisse se livrer avec zèle et satisfaction à la tâche laborieuse qu'il s'est proposée pendant sa carrière administrative, pour l'agrandissement et l'embellissement de la cité, et pour le bonheur et la prospérité de ses administrés. Il leur saura gré de leur concours amical, et ils auront son estime. Mais

l'homme appelé à donner son avis sur les entreprises où le
trésor municipal est engagé pour des sommes considérables,
qui, par courtoisie ou pour tout autre motif, dit le contraire
de sa pensée, se trouve d'abord fautif devant sa conscience :
ayant pu empêcher une fausse application de fonds, il aurait
toujours à se reprocher des malheurs financiers qui compro-
mettraient gravement les ressources de la ville et l'existence
pénible de ses concitoyens, appelés à les alimenter à la sueur
de leur front. — »

La Déesse avait cessé de parler. M'inclinant alors devant
elle, je me retirai sous les voûtes majestueuses qui couron-
nent les Quinconces. La revue ordonnée en l'honneur de
Montaigne et de Montesquieu se faisait avec une grande
pompe, et ces célèbres trépassés furent ensuite reconduits,
avec les honneurs dus au génie, à leur sévère demeure
respective.

Le départ de la Déesse s'effectua avec la même solennité
que son arrivée. Après avoir jeté un dernier regard de tendresse autour de la belle place, couronnée de ses arbres,
qu'elle paraissait recommander à son peuple, la nue pourprée se reforma sur son char et le transporta dans les régions
célestes, au milieu des jubilations de ses génies et de ses
nymphes.

Au fur et à mesure que les rayons lumineux de l'auréole
de la Déesse fuyaient la terre, la nuit étendait peu à peu son
sombre voile sur elle, et déjà elle en était complètement
enveloppée, que la douce harmonie des voix célestes reten-
tissait encore jusqu'à moi.

Fortement ému de toutes ces merveilles, je me retirai
pour regagner mon logis; mais quelle ne fut pas ma sur-
prise en apercevant, sous les arbres de l'hémicycle, une foule
de têtes couronnées ! Je m'arrêtai; mais, tout en me tenant
à une certaine distance d'elles, j'entendais néanmoins leur

conversation, et je compris bientôt que c'étaient toutes les grandes villes de France.

Les échos retentissants avaient apporté jusqu'à elles le bruit des jubilations qui s'étaient manifestées à l'arrivée de la Ville de Bordeaux, et ce bruit avait réveillé leur attention ; elles étaient accourues pour surprendre les mystères de la Déesse, dont elles jalousaient la brillante renommée. Toutes étaient joyeuses de la funeste destinée qui menaçait leur rivale, au sujet des Quinconces ; chacune d'elles s'attendait avec plaisir à leur exécution. Cette place, disaient-elles, avait toujours été une épine dans leur œil ; mais, une fois les arbres détruits et sa grandeur diminuée, les leurs, qu'elles s'efforçaient de rendre plus belles encore, pourraient avantageusement éclipser, en beauté comme en grandeur, celles de Bordeaux.

Marseille cita, entre autres, parmi les nombreuses qu'elle possède, la place Royale, la place Saint-Ferréol, la plan Montyon et la place Saint-Michel, toutes pourvues de belles fontaines et d'arbres ombrageux ; car les Marseillais, disait-elle, sont comme les Parisiens : ils n'aiment pas voir à chaque moment leurs places encombrées de fleurs et d'arbustes fanés, qui demandent un soin constant, comme les malades d'un hôpital ; ils préfèrent employer leur temps et leur argent à des choses sérieuses, et abandonner un peu à la nature les fonctions de jardinier de leurs places publiques. Elle vanta beaucoup sa Cannebière, qu'elle avait fait prolonger d'un kilomètre, et les travaux gigantesques qu'elle fait actuellement exécuter dans le centre de la ville ; et, sur l'observation de la Ville d'Agen, que Bordeaux aussi va faire une belle rue le long de la vallée du Peugue, elle haussa les épaules, en disant que cette rue ne serait jamais autre chose qu'un cul-de-sac, car elle ne saurait avoir une importance réelle que percée en ligne directe, depuis l'Hôtel-de-Ville, comme l'ad-

ministration précédente l'avait projetée. — Quelques-unes
d'elles mesuraient les hauteurs des maisons de l'hémicycle;
d'autres, les pentes de la place. Celles-ci, à leur retour, se
réjouissaient que les pentes, vers le bas des Quinconces,
fussent tellement considérables, que le Musée et la Bibliothèque seraient écrasés dans ce bas fond.

« — Ne vous inquiétez pas, — disait, en ricanant, la Ville
de Toulouse, — j'aime tendrement ma sœur, et suis toujours
prête à la presser sur mon cœur; je connais tous ses secrets;
elle se tirera parfaitement d'affaire; elle a des conseillers
ingénieux, des *phénix* expérimentés, s'il y en a, en fait de
conceptions logiques, dont l'imagination est une véritable
pépinière d'idées miraculeuses. Pour obvier à l'inconvénient
du bas fond, on va appliquer à ces deux monuments des
échasses mécaniques, avec lesquelles ils s'élèveront et s'a-
baisseront, comme les Landais, à volonté : lorsqu'ils voudront produire leur effet imposant, grand et monumental,
ils se redresseront sur leurs échasses, comme des géants
orgueilleux, pour élever victorieusement leurs têtes au dessus
des maisons chétives des Quinconces; lorsque, au contraire,
ils voudront recevoir les visiteurs et les lecteurs, ils s'incli-
neront, et, en leur qualité de monuments bien élevés, ils
salueront très gracieusement leur public en lui tendant leurs
échasses pour l'aider à entrer.

» — Bravo! — s'écrièrent les autres, — nous envierons
l'heureux sort des directeur, bibliothécaire et autres employés
de ces monuments; ils y seront bercés comme les marins à
bord d'un trois-ponts sur les vagues de l'océan Atlantique;
mais, comme les marins sujets au mal de mer, n'y seront-ils
pas exposés au mal...? — Comment appelez-vous ce mal?

» — Le mal de monuments, — répondit Toulouse. — C'est
un mal diabolique; les hommes qui en sont atteints sont ordi-
nairement dangereusement malades : extasiés de l'emplace-

ment qu'ils ont choisi pour leur monument, ils sont en admiration devant leur *bonne* idée, et en ont des vertiges. Heureusement pour eux, leur physique n'en souffre pas; ils continuent, au contraire, à manger avec le meilleur appétit du monde.

» — Mais ce mal, — demanda la Ville de Tours, — est-il incurable?

» — Non, — répondit Toulouse; — en jetant pour quelques millions de francs de poudre aurifère dans le fondement du monument, le mal s'en ira.

» — Je regrette bien, — reprit Tours, — de ne pas être une reine maritime; j'enverrais mes vaisseaux en Californie, pour y faire faire mes approvisionnements.

» — Ma chère sœur, — répondit Toulouse, — vous êtes bien naïve. Ce n'est pas comme cela que nous nous procurons cette poudre; nous nous gardons bien de nous exposer à toutes les vicissitudes, à tous les périls d'un voyage au delà des mers lointaines, aux attaques dangereuses des brigands... Les receveurs des contributions indirectes et les octroyens sont des gens habiles et parfaitement au courant des fouilles; ils savent exploiter les mines les plus cachées. Ajoutez-y les décimes et les extra-décimes, vous verrez que tout cela nous donne de la *poudre* à discrétion. — »

Cette Déesse, la Ville de Toulouse, animée d'une éternelle jalousie contre Bordeaux, toujours courroucée contre elle, sans cesse prête à lui porter des pointes et des contre-pointes, même dans les régions du cœur, si elle le pouvait, aiguillonnait la jalousie de toutes les autres contre sa rivale; le cœur saignant encore des affronts qu'elle eut à subir dans différents concours d'orphéons, où Bordeaux l'emporta toujours sur elle, et entrevoyant dans l'exécution du projet de destruction des Quinconces le triomphe de sa vengeance, elle prônait à outrance sa place du Capitole, en disant qu'avant peu elle reviendrait regarder sa rivale en face et lui appliquer un soufflet, pour la punir de l'audace qu'elle avait eue de venir l'humilier chez elle-même, en ternissant sa vieille réputation musicale. Les yeux en fureur, elle s'écria :

« — Regardez donc comme cette fameuse place lève le nez ! Son arrogance ne sera plus de longue durée ; bientôt on va lui faire *rasibus* et lui enlever tout son couronnement !... Gare à la fierté de ses embellissements futurs ! Elle y aura le nez cassé ! — »

Indigné de leur langage perfide, je sortis de ma cachette, et leur dis :

« — Toutes belles, vous rivalisez en beauté ; mais la jalousie vous aveugle, elle endurcit votre âme et vous rend impitoyables envers une sœur affligée ; le poison de la haine et de l'envie aigrit vos cœurs, et la nuit protége vos sombres complots... Mais fuyez d'ici, et craignez la justice de la Déesse que vous calomniez ! — »

Rougissant d'elles-mêmes, elles se retirèrent, confuses et honteuses de leurs propres médisances.

Tels sont les faits relatifs au mystérieux événement dont le hasard m'a rendu témoin ; je serais heureux qu'ils pussent servir de renseignements utiles ; c'est ce que je désire de tout mon cœur.

Le moment de votre retour s'approche ; j'aurai donc bientôt le plaisir de vous serrer la main cordialement.

Recevez, en attendant, l'expression de mes sincères salutations, et croyez-moi toujours

Votre tout dévoué et tout obligé,

HENRY SCHLOSIÉZ.

www.ingramcontent.com/pod-product-compliance
Lightning Source LLC
Chambersburg PA
CBHW060746280326
41934CB00010B/2377